AF263897

APERÇU

DE L'ORGANISATION MILITAIRE

DES

CHEMINS DE FER

EN

FRANCE ET EN ALLEMAGNE

LE RACHAT

Par TOMYAR

Rédacteur du journal *L'Armée territoriale*.

PARIS

LIBRAIRIE MILITAIRE DE J. DUMAINE

LIBRAIRE-ÉDITEUR

Rue et Passage Dauphine, 30.

—

1880

APERÇU DE L'ORGANISATION MILITAIRE

DES

CHEMINS DE FER

EN FRANCE ET EN ALLEMAGNE

Paris. — Imprimerie J. DUMAINE, rue Christine, 2.

APERÇU DE L'ORGANISATION MILITAIRE

DES

CHEMINS DE FER

EN

FRANCE ET EN ALLEMAGNE

LE RACHAT

Par TOMYAR

Rédacteur du journal *L'Armée territoriale*.

PARIS

LIBRAIRIE MILITAIRE DE J. DUMAINE

LIBRAIRE-ÉDITEUR

30, rue et Passage Dauphine.

—

1880

APERÇU DE L'ORGANISATION MILITAIRE

DES

CHEMINS DE FER

EN

FRANCE ET EN ALLEMAGNE

I

La question du rachat des chemins de fer par l'État, si grave, si brûlante, n'est pas nouvelle. Elle s'est présentée plusieurs fois aux méditations de nos législateurs et, en remontant le cours de nos discussions parlementaires, au début de l'organisation des chemins de fer, sous le gouvernement de Juillet, nous voyons qu'elle a été déjà agitée et repoussée par tous les hommes compétents en la matière et soucieux des intérêts publics.

Cette question si ardue, si complexe qui a jeté, depuis tantôt deux ans, la perturbation dans les esprits, sur laquelle, au double point de vue économique et social, tout a été dit, le Parlement va avoir, d'ici peu, à la trancher. Mais il est un côté sur lequel on n'a pas, selon nous, assez insisté, et il n'est peut-être pas sans intérêt, au moment si proche de la discussion, d'étudier si, au point de vue militaire, l'exploitation des chemins de fer par l'État offrirait à la nation un avantage quelconque.

Tout d'abord, il faut se rendre compte du rôle des voies ferrées en temps de guerre et de leur organisation militaire ; car s'il est une vérité assurément admise par tout le monde, c'est bien celle qui reconnaît aux chemins de fer une importance capitale, lorsqu'il s'agit de la défense du pays. Il importe donc que leur organisation permette au ministre de la guerre d'accomplir, dans le plus bref délai, à l'intérieur des diverses circonscriptions militaires, les opérations de la mobilisation et de la mise en route, ensuite de porter aussi rapidement que possible sur les frontières menacées par l'ennemi toutes les forces nécessaires à leur défense.

Cette importance des voies ferrées existe non seulement au début, mais encore au cours des hostilités, et l'on peut ajouter qu'elle va sans cesse en augmentant et qu'elle suivra une progression constante en rapport avec le développement des différents réseaux et les progrès réalisés dans l'art de la guerre.

En 1870, l'organisation militaire de nos chemins de fer était nulle ou à peu près, et cependant combien de services ne nous ont-ils pas rendus ? C'est en effet à l'aide des voies ferrées que le maréchal de Mac-Mahon a pu sauver les débris de son armée, battue à Frœsch-willer, en les ramenant sur Châlons, où il les réunit à des corps, amenés également par chemins de fer, de Belfort et de Paris. Ce sont les voies de fer qui ont permis à la plus grande partie du corps du maréchal Canrobert de quitter Châlons au dernier moment et de prendre part aux batailles de Metz. C'est grâce à elles encore que, peu avant l'investissement, il fut possible de ravitailler Paris de telle sorte qu'il résista pendant plus de quatre mois.

Nous ne rappelons ici que les exemples les plus saillants de l'emploi des chemins de fer en 1870. Ils ont exercé sur la marche des événements de cette époque une influence si indéniable, qu'ils sont devenus un des éléments essentiels de la stratégie moderne.

Ces considérations n'avaient point échappé à notre état-major général. Se rendant compte des fautes commises et pénétré de la nécessité d'organiser militairement les chemins de fer, il se mit courageusement à la tâche aussitôt la paix signée, et, le 14 novembre 1872, une commission supérieure, instituée par décret du Gouvernement, eut pour mission d'étudier toutes les mesures propres à assurer l'ordre et la régularité des transports en temps de paix et en temps de guerre, de proposer tous les moyens d'utiliser le mieux possible, au moment d'une crise, toutes les voies ferrées qui peuvent être employées par l'armée en territoire étranger comme sur le territoire national.

Le résultat des études de cette commission supérieure a été condensé en deux documents principaux : un décret du 1er juillet 1874 et un règlement du 2 avril 1877, sur le service des étapes.

II

En temps de paix, le seul organe de direction dont l'autorité soit reconnue par le règlement, est la commission supérieure, créée par décret du 14 novembre 1872. Cette commission, composée de membres civils, dont deux appartiennent aux grandes compagnies de chemins de fer, est présidée par un général de division. Elle exerce une surveillance constante sur l'exécution des transports de toute nature : personnel et matériel ; mais son rôle essentiel consiste à préparer à l'avance toutes les mesures qui assureront en temps de guerre l'emploi le plus utile des voies ferrées. Elle est secondée dans cette mission par des commissions d'études composées d'un officier supérieur d'état-major et d'un agent supérieur de la compagnie.

Ces commissions sont chargées de faire à l'avance toutes les études nécessaires, pour que, au moment d'une guerre, on puisse utiliser, dans des conditions favorables, le réseau, le matériel et les agents des compagnies. Elles rédigent des plans de marche des trains et même des ordres de mouvement ; ces études doivent être faites en temps de paix et d'une manière permanente, en tenant compte chaque année de l'ouverture des sections nouvelles.

Tous les six mois, les commissions d'études envoient à la commission supérieure, qui les vérifie et les modifie s'il y a lieu, les travaux du semestre précédent ; puis, la commission supérieure statue sur toutes les propositions des commissions d'études et résume le tout en des tableaux distincts pour les transports de mobilisation et ceux de concentration.

En ce qui concerne la concentration, la commission supérieure fixe les lignes à suivre pour assurer le mouvement le plus rapide, les stations d'embarquement, de halte et de débarquement.

Pour les transports de ravitaillement, la commission supérieure désigne, pour chaque corps d'armée, une gare dite de *point de départ d'étapes* d'où seront expédiés, une fois la concentration terminée, tous les ravitaillements en personnel et en matériel. Elle détermine également, sur chaque ligne, les points où devront être créés les magasins. Ces points prennent le nom de stations-magasins.

Enfin la commission supérieure prépare tous les transports stratégiques à faire, même en territoire ennemi, en signalant aux officiers ou ingénieurs les points principaux des lignes étrangères.

L'organisation militaire des chemins de fer, en temps de paix, est ainsi constituée :

D'abord, une commission supérieure unique, et ensuite une commission d'études, par chaque grande compagnie.

Les dispositions du décret qui placent les compagnies sous les ordres de l'autorité militaire, consacrent, du reste, son omnipotence : les compagnies n'ont plus aucune espèce d'ingérence dans leur propre exploitation ; elles ne peuvent rien entreprendre sans l'autorisation du ministre de la guerre qui devient, de fait, ministre des chemins de fer.

Voici, en effet, ce que nous lisons dans la loi du 3 juillet 1877, sur les réquisitions militaires :

Art. 29. — Dans le cas prévu par l'article 1er de la présente loi, les compagnies de chemins de fer sont tenues de mettre à la disposition du ministre de la guerre toutes les ressources, en personnel et matériel, qu'il juge nécessaires pour assurer les transports militaires. Le personnel et le matériel ainsi requis peuvent être indifféremment employés sans distinction de réseau sur toutes les lignes dont il peut être utile de se servir, tant en deçà qu'au delà de la base d'opérations.

Art. 30. — L'autorité militaire peut aussi se faire livrer par les compagnies, sur réquisition et au prix de revient, le combustible, les matières grasses et autres objets qui seront nécessaires pour le service des chemins de fer en campagne.

Art. 31. — Les dépendances des gares et de la voie, y compris les bureaux et fils télégraphiques des compagnies, qui peuvent être nécessaires à l'administration de la guerre, doivent également être mis, sur réquisition, à la disposition de l'autorité militaire (les réquisitions seront adressées par l'autorité militaire aux chefs de gare).

Art. 33. — En cas de guerre, les transports commerciaux cessent de plein droit sur les lignes ferrées situées au delà de la station de transition fixée sur la base d'opérations.

Cette suppression ne donne lieu à aucune indemnité.

Avec cet état de choses, les chemins de fer viennent, en cas de mobilisation, se placer d'eux-mêmes, pour ainsi dire, entre les mains du ministre de la guerre, amenant avec eux, leur admirable agencement, leurs services tout organisés et réglés, leurs agents, ayant chacun ses attributions propres et sachant ce qu'ils doivent faire en temps opportun; il est donc juste d'en conclure que, la guerre déclarée, les compagnies ne dépendent que de l'autorité militaire.

Or, puisque, au moment d'une guerre, les voies ferrées deviennent pour ainsi dire la propriété de l'État, il est difficile d'admettre qu'au point de vue militaire, le seul que nous ayons à envisager ici, le rachat ait sa raison d'être. Pourquoi l'État rachèterait-il ce qui lui appartient déjà?

En temps de guerre, les transports sont divisés comme suit : *transports en deçà* de la base d'opération, et *transports au delà.*

Commençons par examiner les transports en deçà de la base d'opération.

La commission supérieure, instituée en temps de

paix, exerce pour ces transports les pouvoirs les plus étendus, elle peut déléguer tout ou partie de ses pouvoirs à une *commission exécutive* qui siège en permanence au ministère de la guerre, pendant la durée des transports stratégiques.

Dès que paraît le décret de mobilisation, la commission supérieure met les compagnies de chemins de fer en demeure de se conformer aux tableaux de marche des trains et à toutes les dispositions spéciales qu'elle leur notifie ; elle veille à l'installation immédiate des commissions de lignes et des commissions d'étapes, auxquelles elle donne toutes les instructions nécessaires ; enfin, elle adresse à l'état-major du ministre les tableaux de transport qui serviront à établir les ordres de mouvement à adresser aux troupes.

En même temps, les commissions d'études dont nous avons parlé plus haut, deviennent des *commissions de ligne*. La zone sur laquelle doit s'exercer l'action de chacune d'elles est fixée par la commission supérieure qui détermine également leur résidence en vue des besoins des transports à assurer.

Les commissions de ligne entrent en fonctions dès le début de la mobilisation ; si quelqu'incident se produit sur la ligne, elles se concertent avec la compagnie pour assurer la continuité des opérations ; s'il est nécessaire, elles se transportent partout où elles reconnaissent que leur action peut être utile ; enfin elles agissent comme agents d'information et de contrôle de la commission supérieure à laquelle elles adressent des rapports quotidiens.

Sur chaque ligne, en outre, dans des stations désignées par la commission supérieure, siègent des *commissions d'étapes* qui, selon le rôle qu'elles ont à remplir, prennent les dénominations suivantes : commissions d'étapes de mobilisation — d'étapes d'embarquement — d'étapes de stations — haltes pour repas — d'étapes des stations de bifurcations — d'étapes de débarquement — d'étapes de point de départ d'étapes — d'étapes des stations-magasins — d'étapes des stations de transition.

Nous n'entrerons point dans la composition de toutes ces commissions, mais ce que nous croyons devoir faire remarquer, c'est que chacune d'elles comprend un officier, *commissaire militaire*, et un agent des compagnies, *commissaire technique*.

En se basant ainsi sur l'association constante et continue de l'élément militaire avec l'élément civil, le règlement a fort bien prévu les avantages immenses que la défense nationale peut retirer de cette coopération : les représentants de l'autorité militaire faisant connaître leurs besoins, les représentants civils exposant leurs ressources et les moyens d'en disposer.

Les transports au delà de la base d'opérations sont ceux qui sont faits entre les stations de transition et l'armée, qu'ils aient lieu sur le réseau national ou sur les réseaux étrangers. Ils sont effectués avec le matériel ordinaire des chemins de fer, par un personnel spécial, organisé militairement, sous les ordres et la responsabilité d'une *direction des chemins de campagne*, assisté des *commissions militaires des chemins de fer de campa-*

gne et de *commandements d'étapes des chemins de fer de campagne.*

A l'état-major général de chaque armée est instituée une direction des chemins de fer de campagne qui reçoit directement ses instructions du chef de l'état-major de l'armée. Elle se compose d'un officier général ou d'un colonel et d'un ingénieur des chemins de fer.

Les commissions militaires des chemins de fer de campagne sont chargées de l'exploitation des chemins de fer au delà de la base d'opérations; elles reçoivent leurs instructions de cette direction et sont chargées des travaux, réparation, destruction de la voie, du choix et de l'installation des stations, du mouvement des trains, de la garde militaire de la voie et des gares et du service des étapes.

En temps de paix, le personnel de trois commissions militaires des chemins est tenu constamment au complet. Chacune de ces commissions se réunit au moins quinze jours chaque année, pour étudier une section du réseau français, suivant un programme déterminé par la commission supérieure.

Enfin, dans les gares principales des sections exploitées par les commissions militaires des chemins de fer de campagne, sont installés des commandements militaires d'étapes, qui ont les mêmes attributions que les commissions d'étapes.

Telle est, rapidement résumée, l'organisation militaire des chemins de fer, en temps de guerre, en deçà et au delà de la base d'opérations ; il nous reste à parler du personnel technique d'exécution. Ce personnel comprend

aux armées, *les compagnies d'ouvriers de chemin de fer,
du génie* et les *sections techniques d'ouvriers de chemin
de fer de campayne.*

Les compagnies d'ouvriers de chemins de fer sont
destinées à fournir en campagne des détachements pour
les opérations de destruction et de réparation des voies
ferrées ; elles sont au nombre de quatre, attachées aux
quatre régiments de génie et réunies à l'école régimen-
taire du 1ᵉʳ régiment à Versailles, où elles forment un
bataillon spécial (1).

En temps de paix, ces compagnies n'ont qu'un effectif
restreint qui, au moment d'une mobilisation, se complète
avec les hommes de la disponibilité et de la réserve
rentrés au service des compagnies de chemins de fer ;
chaque compagnie reçoit tout les ans cent hommes
choisis de préférence parmi les jeunes soldats appartenant déjà aux administrations de chemins de fer.

Ces hommes ne sont maintenus qu'un an sous les
drapeaux pour y recevoir l'instruction militaire ; ils sont
ensuite détachés sur les réseaux des compagnies pour y
recevoir l'instruction professionnelle, ils sont traités et
payés par les compagnies sur le même pied que les
autres employés, sans que l'État ait à faire aucune dé-
pense d'entretien, de solde ou d'habillement (2).

Ces hommes qui font partie, suivant leur âge, de la

---

(1) Delaperrière, *Cours de législation et d'administration militaires.*

(2) Convention du 9 mars 1874, passée entre l'État et les six
grandes compagnies de chemins de fer.

réserve de l'armée active, plus tard de l'armée territoriale et de sa réserve, sont parfaitement au courant du service des chemins de fer, et ils acquièrent de cette façon une instruction bien supérieure à celle qu'ils pourraient avoir en restant au régiment ou en faisant leurs périodes d'instruction.

Par ce fait, le ministre de la guerre complétera avec des hommes particulièrement exercés l'effectif des compagnies militaires de chemins de fer; il pourra créer au besoin des compagnies territoriales et l'instruction toute spéciale de ces troupes si utiles n'aura pas coûté un centime à l'État.

Ceux de ces hommes qui quittent le service des compagnies volontairement ou non sont tenus de rentrer à leur corps et, lors de la délivrance des congés renouvelables qui leur sont accordés, ils sont avertis que le jour où ils sont congédiés par la compagnie, ils doivent se présenter immédiatement à l'autorité militaire pour être dirigés sur leurs régiments.

Les colonels du génie sont informés directement par les compagnies.

Les sections techniques d'ouvriers de chemins de fer de campagne sont organisées, en tout temps, avec les ressources des compagnies de chemins de fer.

Ces sections sont au nombre de huit, leur personnel, toujours au complet, est recruté parmi les ingénieurs et les employés attachés au service des compagnies, soit volontaires, soit assujettis par leur âge au service militaire.

Chaque section comprend trois services distincts

ayant chacun un personnel propre, savoir : 1° *exploitation ;* 2° *voie ;* 3° *matériel et traction.*

Une section se compose de 1165 individus environ, et quoique son personnel n'ait aucune assimilation de grade avec ceux de la hiérarchie militaire on distingue cependant les agents supérieurs et les agents secondaires. Les agents supérieurs sont : le directeur de la section technique, les chefs de service, les sous-chefs de service, les employés principaux, les employés. Les agents secondaires sont : les chefs ouvriers, les sous-chefs ouvriers, les ouvriers.

Ce personnel est soumis à toutes les obligations du service militaire, jouit de tous les droits des belligérants et est assujetti aux règles du droit des gens. *Il est subordonné, pour la discipline générale, aux commandants militaires des localités dans lesquelles il se trouve, il est justiciable des conseils de guerre dont la composition, lorsqu'il y a lieu, est fixée par les généraux en chef selon l'emploi de l'agent qui doit être jugé.*

Le règlement du 23 décembre 1876 fixe les droits de punir attribués aux membres des sections techniques, sur leurs subordonnés; il fixe aussi l'uniforme et les marques distinctives de chacun des agents.

L'administration de chaque section technique d'ouvriers de chemins de fer de campagne est exercée par un conseil d'administration responsable, composé comme il suit :

l'ingénieur en chef de l'exploitation, président,
l'ingénieur de la voie,

l'ingénieur du matériel et de la traction,

le chef de la comptabilité, secrétaire.

Ce conseil est installé par le président de la commission militaire des chemins de fer de campagne à laquelle la section est attachée, avec le concours du fonctionnaire de l'intendance, membre de ladite commission.

Les attributions du conseil embrassent, sous l'autorité et la surveillance de la commission militaire : la direction générale du service et des dépenses de l'exploitation, la passation des marchés d'une importance supérieure à 5,000 francs, la répartition et l'emploi du personnel.

Le conseil a les pouvoirs les plus étendus pour l'administration des sections techniques; il veille à la discipline, prononce les révocations et pourvoit à toutes les vacances sur la proposition du chef de service. Il adopte en outre les règlements relatifs à l'organisation du service, à la police et à l'exploitation; *ces règlements sont soumis à l'approbation de la commission militaire des chemins de fer de campagne.*

Chaque ingénieur, chef de service, a toute initiative pour assurer le service qui lui est confié, en se conformant aux instructions générales émanées soit de l'ingénieur en chef de l'exploitation, soit du conseil d'administration de la section. Il assigne sa résidence à chaque agent.

Les ingénieurs, chefs de service, peuvent effectuer des dépenses dans les limites fixées par le conseil d'administration de la section, et sans autorisation préalable, soit au moyen d'avances délivrées par le conseil, soit au moyen de marchés, lorsque leur importance ne dépasse pas 5.000 francs. Ils opèrent les recettes de leur service respectif et en donnent quittance.

Lors du licenciement d'une section technique, le conseil d'administration arrête les comptes de la section et les remet à la commission dont elle dépendait; les fonds restant en caisse sont versés au Trésor. Constatation du licenciement est faite par procès-verbal du sous-intendant.

Cette puissante organisation, parfaitement rationnelle, ne coûte donc rien à l'Etat en temps de paix comme en temps de guerre, et elle permet de répondre de la bonne exécution du service. Mais ce qu'il faut surtout remarquer, c'est que le rôle des agents des compagnies, fort sérieux déjà en temps de paix, devient capital en temps de guerre; ils font partie en effet de toutes les commissions et sont appelés à donner leur opinion sur toutes les questions aussi bien militaires que techniques. Il est donc de la dernière importance que leur recrutement soit entouré de toutes les garanties désirables.

III

Les Allemands, avec cette intelligence pratique des choses de la guerre qui est leur qualité dominante, se sont, bien avant nous, rendu compte de l'utilité des chemins de fer, et, alors que chez nous l'organisation militaire de nos voies ferrées était encore à l'état de projet, ils avaient, depuis longtemps, étudié les moyens les plus pratiques, de jeter à leur frontière de l'ouest, en cas de guerre avec la France, la grande masse de leurs combattants.

Leur grand état-major, instruit d'ailleurs par l'expérience de 1866, avait en conséquence préparé son plan de mobilisation; tous les travaux préparatoires avaient été réglés jusque dans leurs plus petits détails et lorsque le roi Guillaume, dans la nuit du 15 au 16 juillet 1870, eut donné son approbation, il n'y eut plus qu'à inscrire la date du premier jour de la mobilisation, dans les tableaux de mouvements et de transports préparés, également à l'avance, pour chacune des fractions de l'armée, par la section des chemins de fer de l'état-major, et à faire commencer les transports.

L'organisation allemande se rapproche sensiblement de la nôtre, ou, pour être plus exact, il n'est pas douteux que l'état-major français ne se soit inspiré, dans ses études, des règlements prussiens sur les chemins de fer; mais les Allemands, qui n'ont pas à proprement parler de sections techniques ont donné à leur corps militaire des chemins de fer un développement considérable qui mérite d'être étudié.

En France, nous possédons, nous l'avons déjà dit, quatre compagnies militaires de chemins de fer, les Allemands nous opposent un régiment composé de deux bataillons à quatre compagnies, et lors d'une mobilisation chaque compagnie se dédouble en deux compagnies de construction et une compagnie d'exploitation.

L'effectif du régiment en temps de guerre étant naturellement beaucoup plus considérable que sur le pied de paix, il a fallu trouver le moyen d'avoir des officiers compétents, en nombre suffisant; à cet effet, on a dressé, après la dernière guerre, l'état nominatif de tous les officiers de l'armée dont la carrière civile est celle des chemins de fer. Tous ces officiers, à quelqu'arme qu'ils appartiennent, sont inscrits comme faisant partie de la réserve du bataillon des chemins de fer, et les cadres nécessaires pour douze compagnies ont été ainsi formés pour le cas d'une mise sur pied.

Les hommes de la réserve et de la landwher des troupes de chemins de fer figurent dans chaque district sur des états matricules indiquant l'état civil de chacun d'eux, leur position, leur situation relativement aux obligations militaires, leur domicile, etc., etc. Ils sont inscrits, en outre, sur des listes d'appel, établies dans le but d'offrir constamment un tableau de ceux d'entre eux qui sont susceptibles d'être appelés en cas de mobilisation.

Outre les hommes qui ont servi dans les troupes de chemins de fer, ces listes comprennent ceux qui, sans y avoir servi, sont employés dans les administrations de chemins de fer. Ils sont groupés par administration de ligne, par la raison que les convocations, en cas de mobilisation, ont lieu par l'intermédiaire de ces administrations.

Enfin les commandants de districts de landwher font parvenir deux fois par an, le 1ᵉʳ juillet et le 1ᵉʳ décembre au régiment des chemins de fer, un état numérique indiquant les hommes de *Beurlaubtenstand* (1), figurant sur leurs contrôles, qui ont fait partie des troupes de chemins de fer. A l'état numérique du 1ᵉʳ décembre sont joints deux autres états. Le premier indique le nombre d'employés de chemins de fer des catégories ci-après désignées : personnel d'administration et d'expédition, personnel de traction, personnel du service de la voie et des stations, ouvriers des diverses professions. Le second, joint à la situation numérique du 1ᵉʳ décembre, est nominatif. Il indique, en les distinguant en officiers

______

(1) Hommes en congé, ajournés, officiers et hommes de la landwehr.

et en hommes de troupe, certaines catégories d'employés des administrations de chemins de fer compris sous la dénomination générale d'employés supérieurs, savoir : inspecteurs de l'exploitation et des constructions, inspecteurs des télégraphes des lignes de fer, architectes, conducteurs de travaux, ingénieurs au service des chemins de fer, ingénieurs machinistes et chefs d'ateliers, contrôleurs de la voie et de l'exploitation, chefs et sous-chefs de gare.

En cas de mobilisation, les officiers et les hommes du *Beurlaubtenstand* appartenant aux troupes des chemins de fer et susceptibles d'être mobilisés sont convoqués par les soins des commandants de districts de landwher qui opèrent à leur égard, comme à l'égard des officiers et soldats de la réserve et de la landwher des autres armes; c'est-à-dire qu'ils peuvent être appelés soit par ordre individuel, soit par des listes de convocation suivant les circonstances. Mais si rapides que soient ces modes de convocation dont l'exécution est réglée dans ses moindres détails, ils peuvent être encore trop lents lorsqu'il s'agit, par exemple, au moment où à l'approche d'une mobilisation, de mettre immédiatement en action tout ou partie du service des chemins de fer. Aussi le règlement dispose-t-il qu'en cas de mobilisation, le chef d'état-major de l'armée a le droit de convoquer *directement* ou par le simple ntermédiaire des administrations de chemins de fer, les agents qui doivent être employés dans le service des chemins de fer de campagne.

On estime ainsi à 20,000 environ le nombre d'hommes que cette organisation pourrait, à un moment donné, rendre disponibles, pour le corps des chemins de fer.

En temps de paix, le corps militaire des chemins de fer prussiens exploite, depuis 1875, la ligne militaire, longue de 47 kilomètres, qui mène de Berlin au nouveau polygone de la commission d'expériences d'artillerie, établi dans la forêt de Kummersdorf. Cette ligne est d'ailleurs en entier son œuvre personnelle, et l'exploitation lui en a été confiée, afin d'initier la troupe à l'exploitation des lignes de fer.

Les Allemands n'ont donc rien négligé pour organiser très solidement leur corps militaire de chemins de fer, et rendons-leur cette justice que, loin de s'arrêter en chemin, ils s'efforcent, chaque jour, de l'améliorer.

C'est là ce que nous devrions faire en France, au lieu d'aller nous jeter au-devant de problèmes sociaux qui ne sont ni étudiés, ni approfondis et dont la solution pourrait porter un coup fatal à notre commerce national ?

Avant 1879, les chemins de fer allemands se divisaient en trois grandes catégories :

1° Les chemins de fer appartenant à l'État ;

2° Les chemins de fer appartenant à des compagnies particulières, mais administrées par l'État ;

3° Les chemins de fer appartenant à des compagnies particulières, et administrés par elles.

Et pendant que chez nous les six grandes compagnies exploitent actuellement plus de 20,000 kilomètres, en Allemagne, on ne trouvait pas moins de 95 lignes, ou groupes de lignes indépendants, placés sous 18 directions d'État et 49 directions particulières. Ainsi le voyageur qui allait de Mayence à Strasbourg devait circuler sur les lignes de cinq ou six compagnies différentes, ayant des intérêts tout à fait divergents.

Avec une semblable multiplicité des organes directeurs, il était extrêmement difficile de réunir toutes les forces en un seul faisceau pour atteindre un grand but, de sorte que la nécessité d'assurer, par avance, cette unité d'action, en cas de guerre, constituait pour le grand état-major allemand une tâche aussi compliquée que pénible.

Dans ces conditions, le Gouvernement de l'empire fit proposer à la chambre des seigneurs le rachat des principales lignes ferrées aboutissant à des centres importants. Il rencontra alors une opposition énergique chez les libéraux du Sud et la loi ne fut votée que grâce à l'intervention du feld-maréchal de Moltke. Ce qui est évident, aujourd'hui, c'est que l'Allemagne, puissance militaire de premier ordre, est en possession d'une partie des chemins de fer. Mais faut-il en conclure que c'est là le meilleur des arguments en faveur du rachat par l'État des chemins de fer français ? Non. Parce que les raisons multiples qui commandaient en Allemagne, le rachat des voies ferrées, ne sont pas les mêmes chez nous, notre réseau étant suffisamment centralisé entre les mains des directeurs des six grandes compagnies qui ont à peu près seuls de grandes artères stratégiques à exploiter.

Le corps militaire proprement dit des chemins de

fer allemands est plus nombreux que le nôtre, nous en convenons, mais est-il plus instruit, et notre infériorité numérique n'est-elle pas largement compensée par la création de nos sections techniques ?

Le recrutement spécial et les aptitudes des agents dirigeant et commandant ces sections ne sont-ils pas un sûr garant de la bonne exécution des services qui leur sont demandés ? Dans tous les cas, n'est-ce pas l'autorité militaire supérieure qui est responsable de notre organisation et si elle est défectueuse par certains côtés, on ne saurait justement en accuser les compagnies, car s'il convenait, demain, à M. le ministre de la guerre, de faire voter une loi doublant l'effectif de nos sections, il peut être assuré qu'il trouverait chez les six grandes compagnies un concours aussi empressé que désintéressé.

En France, depuis 1870, il faut le reconnaître nous avons peut-être trop emprunté à la Prusse. Tout ce qui nous vient de l'autre rive du Rhin doit être tenu pour excellent ; mais il nous semble que nous ne pouvons cependant pas pousser cette manie de l'assimilation jusqu'à admettre, sans aller au fond des choses, que l'État français doit racheter parce que l'État allemand vient de le faire.

Si nous avions ici à étudier la question à un point de vue général, nous montrerions quel bénéfice retire la nation allemande de l'administration de l'État dans toutes les choses qui lui sont laissées. Nous nous bornerons seulement à exposer que, sur une recette de 100 francs les chemins de fer, exploités par l'État allemand accusent 63 francs de dépenses, tandis que dans les compagnies privées, du même État, les dépenses ne s'élèvent qu'à 52 francs. Il en est de même dans tous les pays où l'État dirige lui-même les chemins de fer ; son exploitation est donc mauvaise en matière de commerce et nous en concluons que toujours et partout il sera le pire des exploitants.

IV

Ainsi que nous l'avons déjà dit, il résulte du rôle si important des chemins de fer en campagne, qu'il est de toute nécessité que le personnel des compagnies de chemins de fer et, par conséquent, celui des sections techniques soient aussi expérimentés que possible.

Aujourd'hui, la cohésion du personnel des grandes compagnies est assurément complète ; ce personnel est instruit, discipliné, enregimenté, pour ainsi dire, et son recrutement se fait dans des conditions telles qu'on le peut considérer sans exagération comme suffisant. En un mot, les ingénieurs, les agents de tout ordre sont prêts à marcher au premier signal, et ils rendront tous les services que la situation leur demandera.

En sera-t-il ainsi, si l'État met la main sur les chemins de fer ? Non. De longtemps la cohésion n'existera pas, la discipline se relâchera et, la plaie du *fonctionnarisme* aidant, nous verrons peu à peu les chemins de fer se peupler non d'hommes éminents ou d'ingénieurs distingués, mais bien de personnages recommandés, ou de créatures de nos hommes politiques. Les compagnies au contraire, ne demandent à leurs ingénieurs aucune profession de foi politique ou religieuse, elles se bornent, dans leur choix, à exiger d'eux qu'ils soient sortis dans les premiers rangs de l'École polytechnique ou de l'École centrale et qu'ils aient depuis longtemps fait leurs preuves. L'État, devenu exploiteur des voies ferrées, agirait tout autrement. Il commencerait à demander à ses futurs ingénieurs quelle est leur religion politique et l'emploi sera accordé, non à l'ingénieur le plus méritant ou le plus capable, mais à celui dont les opinions seront les plus conformes au programme du Gouvernement; peu importe s'il est, au point de vue professionnel, médiocre ou insuffisant. C'est là une vérité qui ne saurait être sérieusement contestée et dont nous voyons malheureusement chaque jour de nombreux exemples dans toutes les branches de l'administration. Une fois les chemins de fer rachetés, le recrutement se trouverait être par là beaucoup moins bon.

Car, en accordant aux agents de l'État les mêmes qualités qu'aux agents des compagnies, ces qualités seront toujours annihilées par l'obligation pour les premiers, de se mouvoir dans une règle étroite, pour tout ce qui n'est pas prévu par un règlement. L'agent de l'État, il ne faut pas l'oublier, ne pourra jamais prendre une initiative quelconque sans en référer à son supérieur hiérarchique et, comme sa responsabilité sera limitée puisqu'il aura moins d'autorité, son action sera moins efficace et, à de certains moments, les inconvénients résultant de cette situation pourront être des plus graves. De plus, dans l'hypothèse du rachat, il y aura encore à craindre les conflits pouvant surgir en temps de guerre, entre le ministre des chemins de fer et le ministre de la guerre, les divergences d'opinions et les crises politiques qui arrêteront tout et amèneront des complications dont il sera parfois difficile de sortir.

Avec le personnel dont disposent les compagnies avec leurs agents qui sont des hommes de dévouement, parfaitement instruits techniquement parlant et soumis à une rigoureuse discipline, nos transports stratégiques et de ravitaillement seront assurés en cas de mobilisation ; le seront-ils si l'État se substitue aux grandes compagnies ? Il est au moins permis d'en douter. Et comme on peut affirmer que de la bonne organisation des transports, et par conséquent du zèle, de la science et de l'aptitude des agents techniques dépend le sort d'une campagne, on en arrive à cette conclusion qu'au point de vue militaire, le rachat pourrait avoir les conséquences les plus funestes.

C'est alors que nous serions en droit de dire à l'État : Prenez garde, en rachetant les lignes ferrées, de tout désorganiser ! Prenez garde d'assumer une terrible responsabilité, si par malheur la guerre venait à éclater ! Ce qu'à Dieu ne plaise !

A la plaie du *fonctionnarisme* il faudra encore ajouter celle non moins terrible des lenteurs administratives. On aura beau faire, jamais l'État n'expédiera les affaires avec la même célérité que les industries privées. Il s'en moque et il a raison, puisqu'il est le maître absolu. Il fait ce qu'il veut et nous nous briserons toujours contre lui : c'est l'éternelle histoire du pot de terre contre le pot de fer.

Oui, ce qui effraye nos commerçants et nos industriels qui n'ont que peu de rapports avec l'État, c'est la perspective d'avoir à subir ses lenteurs et ses atermoiements c'est de voir la solution d'affaires importantes renvoyée aux calendes grecques, c'est en un mot d'avoir à vaincre cette fameuse force d'inertie qui règne en souveraine dans tous les bureaux des administrations de l'État. Pour l'armée, ferait-on exception à cet antique usage qui consiste à conserver pendant de longs mois, dans des cartons plus ou moins poussiéreux, les dossiers d'affaires dont l'importance réclame une solution immédiate. Bien certainement non, les militaires ne seront pas mieux traités que les civils, peut-être le seront-ils plus mal encore et nous verrons alors les réformes les plus urgentes, les améliorations les plus nécessaires, différées de jour en jour pendant des années entières.

Avec les manies et la routine administratives il faudra écrire, faire des rapports qui seront soumis à des commissions, et, comme le dit si justement M. Jacqmin : « tout cela sera correct, régulier, administratif, mais cela n'empêchera pas l'ennemi de marcher. » L'éminent directeur de la compagnie de l'Est, cite encore ce fait que pendant deux jours la compagnie de l'Est a attendu des instructions pour faire sauter les tunnels des Vosges et que, lorsque ces instructions sont arrivées, il n'était plus temps :

« Les Allemands sont entrés, le 12 octobre 1870, à
« trois heures, à Epinal ; le lendemain matin les ingé-
« nieurs de la compagnie de l'Est faisaient sauter le grand
« viaduc de Xertigny, et pendant toute la durée de la
« guerre la circulation des trains a été interdite. S'ils
« eussent demandé des instructions à Tours, la réponse
« eût trouvé les Allemands en possession du viaduc. »

D'ailleurs que faut-il de plus à l'État ? En temps de
guerre, il a le plus beau rôle, toutes les voies ferrées
lui appartiennent, il en dispose à sa guise, *le ministre
de la guerre commande et les agents des compagnies sont
tenus d'obéir ;* à quoi lui servirait de racheter les lignes
existantes, de se substituer aux grandes compagnies ?

D'abord les compagnies n'ont-elles pas fait, depuis
1870, d'immenses efforts? N'ont-elles pas accepté toutes
les conditions qu'il a plu au ministère de la guerre de
leur imposer ? N'ont-elles pas augmenté et modifié leur
matériel, et déployé une activité quasi-fébrile dans la
construction des lignes qui présentaient un intérêt stratégique ?

Nos voisins conviennent du reste eux-mêmes des efforts
faits, dans ces dernières années, pour augmenter nos
voies stratégiques, et nous nous garderons bien de
changer quoi que ce soit aux lignes qui vont suivre. Elles
prouveront notamment que si, chez nous, quelques esprits prévenus prennent à tâche d'amoindrir les services
rendus par les compagnies, les Allemands au moins
savent les apprécier.

Voici comment s'exprime l'auteur d'une brochure
dont le titre alléchant et euphonique est : *die Befestigung*

und Vertheidigung der deutsch-französischen Grenze (1) :

« Jusqu'à la guerre de 1870-71, la France était restée en retard pour le développement de son réseau ferré au point de vue militaire. La concentration de tous les intérêts dans la capitale, qui se produit là à un degré inconnu pour tous les États, se faisait sentir aussi dans le système des chemins de fer. Des lignes ferrées partaient en grand nombre pour rayonner de Paris, comme centre, vers les lignes importantes de la province et se ramifiaient vers les points principaux situés sur les côtes ou sur les frontières ; mais il leur manquait des communications transversales suffisantes, et elles étaient peu propres à une concentration de l'armée vers une frontière quelconque ; presque tous les transports venant des parties extrêmes du territoire devaient passer par Paris et être ensuite acheminés tous, à partir de ce point, sur un petit nombre de lignes.

« Au commencement de la guerre de 1870, on ne disposait en France que de trois chemins de fer conduisant à la frontière de Lorraine et d'un autre dirigé vers la haute Alsace. Les expériences désagréables qui ont été faites précédemment sur ce terrain, ont amené nos voisins de l'ouest à développer depuis, d'une façon extraordinaire, leur réseau ferré au point de vue de la défense du pays. Le premier branle a été donné à ce sujet par un mouvement très vif de la littérature militaire pen-

(1) *Le Système de fortification et de défense de la frontière franco-allemande.*

dant les années 1872 à 1874. De nombreux articles ou brochures, insérés dans les principaux journaux militaires, insistaient sur la nécessité de l'augmentation du réseau ferré dans l'intérêt de la défense de la nouvelle frontière de l'est ; de même la commission des chemins de fer de l'Assemblée nationale exprima, au commencement de 1874, avec une libéralité bien rare dans ces sortes d'assemblées, le vœu que le gouvernement pût accorder des subventions particulières aux lignes stratégiques dont la construction ne saurait être différée.

« Le réseau des chemins de fer français prit alors, dans les cinq années qui suivirent la guerre, une extension telle qu'il aurait été possible à bien peu d'États de réaliser un pareil résultat dans un temps aussi court ; les dépenses faites à ce sujet étonnent quand on les rapproche des sacrifices que la guerre avait coûtés. A la fin de 1875, le réseau français avait été augmenté de 4,526 kilomètres de lignes, dont 2,537 étaient dès lors en exploitation (abstraction faite des chemins de fer d'intérêt local, dont il n'y a pas à s'occuper ici).

« En outre, des communications créées entre les diverses places des côtes (chemins de fer côtiers), les nouvelles constructions indiquaient la préoccupation de relier, particulièrement dans l'est et dans le nord-est de la France, les lignes ferrées rayonnant (de Paris) au moyen de lignes transversales et d'établir ainsi, sur tout le territoire, des lignes circulaires concentriques qui donneraient à toutes les parties du pays des relations directes sans passer par Paris. On est arrivé de la sorte à obtenir en plus sept lignes continues qui mènent à la frontière franco-allemande, savoir : cinq à la frontière de Lorraine dont quatre directement et une indirectement, et deux qui se réunissent à Belfort.

« Mais cet accroissement du nombre des lignes est encore loin de répondre complètement à tous les *desiderata* militaires de la France et, dans ces temps derniers, il n'a pas manqué de voix réclamant une nouvelle augmentation des lignes, principalement des lignes à deux voies dans l'est de la France. Ces incitations ont pour objectifs, aussi bien la possibilité d'une rapide concentration sur la Meuse et sur l'Aisne, en admettant évidemment la violation par l'Allemagne de la neutralité du Luxembourg et de la Belgique, que la multiplication des communications entre les théâtres d'opérations possibles, la vallée de la Saône et la frontière de Lorraine. Il n'est pas encore possible de distinguer dans quelle mesure il sera donné suite à ces aspirations. Sans doute, il semble qu'actuellement l'avantage appartienne encore à l'Allemagne au point de vue des facilités offertes par le système des voies ferrées pour la défense de la frontière ; mais cet avantage est en partie bien contre-balancé par *la concentration beaucoup plus grande en France de l'administration des chemins de fer.* La partie de beaucoup la plus importante des lignes françaises est entre les mains de six grandes compagnies. Ces compagnies disposent d'un personnel et d'un matériel nombreux, dont la réunion, pour répondre aux grandes exigences de la défense nationale, ne peut par elle-même présenter aucune difficulté, mais serait encore grandement facilitée par la vigoureuse centralisation qui existe en France dans toutes les branches de l'administration. »

La preuve sur ce point n'est plus à faire. Ainsi pour les transports de l'armée française vers Metz, Forbach et Wissembourg, le 15 juillet 1870, la compagnie de l'Est recevait du ministre des travaux publics l'ordre de mettre tous ses moyens de transport à la disposition du ministre de la guerre.

Or, le transport des troupes et du matériel de guerre commença le lendemain 16 juillet dans trois directions :

1° Par la ligne des Ardennes, pour les troupes et les approvisionnements venant des villes du nord de la France ;

2° Par la ligne de Paris à Strasbourg qui reçut l'armée de Paris, l'armée de Châlons et toutes les troupes qui venaient du centre et de l'ouest de la France ;

3° Par les lignes de Gray à Metz et de Belfort à Wissembourg qui expédiaient les troupes de Lyon, celles du midi de la France et de l'Algérie.

En vingt-deux jours la compagnie de l'Est a formé 1223 trains, soit une moyenne de 55 trains par jour et, dans la seule journée du 22 juillet, 74 trains ont été dirigés sur les points frontières.

Enfin le nombre d'hommes, de chevaux, de canons et d'ustensiles de guerre transportés pendant cette période de vingt-deux jours peut s'évaluer ainsi :

Hommes, infanterie, cavalerie, artillerie . 300.000
Chevaux 64.700
Canons et voitures. 6.600
Wagons de subsistances ou de munitions. . 4.400

Malgré les difficultés qu'offraient ces transports, effectués sans aucune organisation militaire préalable, ce mouvement, qui s'est opéré dans des conditions déplorables, a été cependant exécuté par la compagnie de l'Est avec une rare entente des choses de la guerre. Nous n'insisterons pas davantage sur ce point, car nous aurions à faire ici l'éloge de toutes les compagnies qui ont été dans ces difficiles moments à la hauteur de leur triste mission. Elles ont servi le pays avec un zèle et un dévouement qui n'ont échappé à personne.

Il en a été de même en Prusse, en ce qui concerne les lignes privées, et l'armée du prince royal, composée des troupes du sud, a dû, en partie, ses succès de Wissembourg et de Frœschwiller à la rapidité des transports des compagnies privées se composant des chemins de fer Rhénans, de la Nahe, de Louis de Hesse, de Louis de Bavière, de Max de Bavière et des chemins de Saarbrück dont elle emprunta les lignes.

Voici ce que dit, à ce sujet, le grand état-major prussien dans son rapport sur la dernière guerre :

« *Grâce à l'activité déployée par les directions des compagnies particulières*, tous les préparatifs de transpor ont suivi un cours normal et la mobilisation des troupes étant terminée le 23 juillet, les transports en masse ont pu commencer le lendemain. »

Cet aveu d'un corps aussi compétent a-t-il besoin de commentaires et n'est-il pas évident que les compagnies, en temps de guerre, réquisitionnées par l'Etat, apporteront à celui-ci un concours très précieux, par suite de leur longue expérience des transports ?

Ce qu'il importe aussi d'exposer c'est que, en s'occupant de la création des nouvelles voies stratégiques, nos législateurs ont compris la tâche si lourde qui leur incombait et, de leurs décisions, il est résulté que jamais une ligne ne sera désormais construite sans que les intérêts de la défense ne soient sauvegardés. La commission supérieure des chemins de fer a, de son côté, établi en principe qu'il ne serait présenté aux Chambres législatives aucun projet de loi relatif à l'établissement d'une ligne, quelle que soit son utilité ou sa position dans l'intérieur du pays, sans qu'il y ait entente préalable entre le ministre de la guerre et le ministre des travaux publics. Dans le cas où cette entente ne pourrait se faire, la question serait portée devant une commission mixte des travaux publics, qui communiquerait son jugement au Parlement, chargé de décider en dernier ressort.

Ce qu'il est de notre devoir de réclamer du gouvernement et de nos représentants, c'est qu'ils s'efforcent de pourvoir notre pays d'un vaste réseau ferré et si, dans la plupart des petites lignes, l'intérêt local est le principal mobile, il n'en est pas moins certain que ces lignes favorisent l'intérêt militaire, en augmentant le matériel et le personnel dont le commandement pourra un jour disposer. En dehors de ces petites voies locales, tous les chemins de fer nouveaux ont été tracés conformément aux indications stratégiques, ce qui permet d'envisager sans crainte les éventualités qui peuvent se présenter.

Est-ce que cette façon de procéder, que les compa-

gnies ont admise sans hésitation, n'est pas un gage suffisant pour l'avenir et du moment que le ministre de la
guerre peut, par des considérations purement militaires,
modifier un tracé ou l'imposer aux compagnies, n'y a-t-
il pas lieu de laisser à ces dernières le soin d'établir les
nouvelles lignes stratégiques qu'elles construiront plus
vite et mieux que l'Etat? Et cela est si vrai, qu'il suffit,
pour s'en convaincre, de se reporter aux derniers travaux exécutés sur les chemins de l'Etat pour voir avec
quelle apathie méthodique ils ont été dirigés.

Laissons les compagnies telles qu'elles sont, perfec-
tionnons le matériel, augmentons leurs réseaux, exigeons
de nouvelles garanties si c'est nécessaire ; mais gardons-
nous bien de substituer l'exploitation de l'Etat à celle si
intelligente et si active de l'industrie privée.

On nous objectera que, en ce qui concerne la mobilisation des troupes, les Allemands peuvent jeter en quinze
jours à l'aide de leurs voies ferrées un million d'hommes
sur leur frontière de l'ouest ; est-ce la faute des compagnies si nous ne pouvons mobiliser aussi rapidement que
nos voisins ? C'est au ministre de la guerre, qu'il faut s'en
prendre et non à elles. Avec leur personnel et l'appui du
ministre de la guerre, elles arriveront au même résultat,
et si nos représentants s'obstinaient, malgré l'opinion
publique, à vouloir racheter les chemins de fer, pour en
confier la direction à l'Etat, cette opération aurait pour
conséquence immédiate : infériorité du personnel à tous
les degrés de la hiérarchie, relâchement de la discipline
et désorganisation d'un service qui fonctionne parfaitement aujourd'hui, au dire même des Allemands.

Dans son ouvrage intitulé : *Die franzœsischen Eisen-bahnen wœhrend des Krieges von 1870-71 und ihre spœtere Entwickelung vom strategischen standpunkt aus betrach-tet* (1), M. H. Budde, après avoir étudié toute notre législation en matière des chemins de fer, termine ainsi :

« En temps de paix déjà, les principales lignes de France se trouvent sous le *rapport militaire et technique*, dans les mains qui sont appelées à les exploiter en temps de guerre.

« Les autorités dirigeantes, *grâce à l'existence des grands réseaux*, sont habituées à faire et à disposer d'immenses ressources pour un domaine d'une vaste étendue.

« Les compagnies françaises de chemins de fer ont en sus de cela une *organisation tellement bien agencée et et tellement solide*, que la commission supérieure y trouve une source à peu près inépuisable d'agents de chemins de fer parfaitement disciplinés, formés d'après des règles identiques, et qui, réunis en cas de guerre en une troupe de chemins de fer, peuvent rendre d'excellents services à l'armée.

« Ce sont là des avantages incontestables qui, envisagés au point de vue militaire, sont de nature à justifier ce vœu que nous exprimons :

« *Qu'on se hâte de réunir les chemins de fer allemands en grands réseaux ayant leur administration propre, mais placés sous le contrôle sévère d'une puissante autorité de surveillance* ».

(1) *Les Chemins de fer pendant la guerre de 1870-71 et leur développement ultérieur au point de vue stratégique.*

De l'avis de nos voisins, dont l'autorité en pareille matière est incontestable, on peut donc conclure que notre organisation des chemins de fer, par l'heureuse combinaison de l'élément civil et de l'élément militaire est très fortement constituée et nous n'hésitons pas à déclarer, après d'autres beaucoup plus autorisés, qu'au triple point de vue de la mobilisation, de la concentration et de la rapide exécution des transports, ainsi qu'au point de vue de la défense du territoire, le rachat par l'Etat de notre réseau, fût-ce d'une partie seulement, serait plus qu'une faute, ce serait un désastre.